Die Maus geht in den Wald

Mit Illustrationen von Ina Steinmetz
und Texten von Sophie von Lenthe

W0358045

Ravensburger Buchverlag

Im Wald

Sachwissen mit der Maus

Ein Wald ist eine ganz besondere Gemeinschaft von Pflanzen und Tieren. In vielen Wäldern stehen Laub- und Nadelbäume einträchtig nebeneinander. Zu ihren Füßen wachsen kleine Pflänzchen und Sträucher. Millionen von winzigen Lebewesen sind hier ebenso zu Hause wie die großen Tiere des Waldes. Jedes Tier und jede Pflanze hat seine Aufgabe in dieser Gemeinschaft. Und nur wenn jeder seine Aufgabe erfüllt, kann ein Wald lebendig bleiben. Dann können seine Bäume wachsen und immer wieder aufs Neue Blätter, junge Triebe und Früchte hervorbringen und die Tiere können sich vermehren.

Ein Wald hat viele Bewohner: Würmer, Käfer und Mäuse, Eichhörnchen, Dachse und Marder, Rehe und Hirsche. Sie alle finden dort Nahrung und einen Platz zum Wohnen. Meisen, Zaunkönige und Spechte bauen ihre Nester in Astlöcher und Baumspalten. Die Bäume schützen die Tiere vor zu viel Wind, Regen, Schnee und Sonne. Aber die Tiere schützen auch die Bäume: Die Jäger unter ihnen – der Fuchs und der Marder, die Spitzmaus und die vielen, vielen Spinnen und Insekten – sorgen dafür, dass sich keine Tierart zu stark vermehrt und den Bäumen schadet.

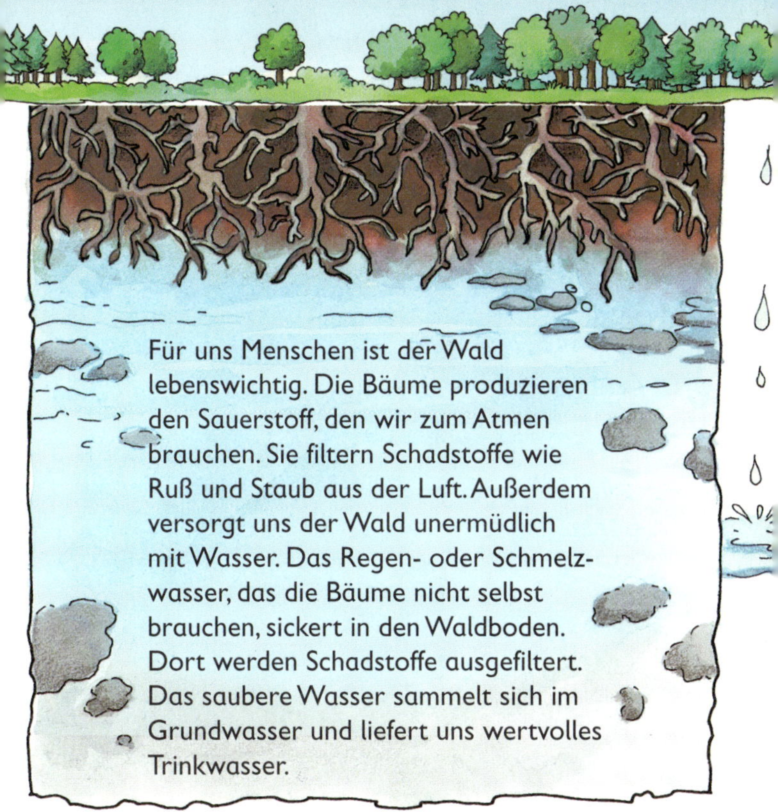

Für uns Menschen ist der Wald lebenswichtig. Die Bäume produzieren den Sauerstoff, den wir zum Atmen brauchen. Sie filtern Schadstoffe wie Ruß und Staub aus der Luft. Außerdem versorgt uns der Wald unermüdlich mit Wasser. Das Regen- oder Schmelzwasser, das die Bäume nicht selbst brauchen, sickert in den Waldboden. Dort werden Schadstoffe ausgefiltert. Das saubere Wasser sammelt sich im Grundwasser und liefert uns wertvolles Trinkwasser.

Im Frühjahr, wenn die Sonne ihre wärmenden Strahlen durch die kahlen Baumkronen schickt, wird es im Wald lebendig.

Schlüsselblumen, Buschwindröschen und Haselnusssträucher blühen, die Laubbäume entfalten ihre ersten zarten Blätter, die Nadelbäume zeigen neue, hellgrüne Triebe.

Später, im Sommer, können die Sonnenstrahlen das dichte Laub der Bäume nicht mehr durchdringen. Dann findet man im Schatten der Bäume nur noch Pflanzen, die wenig Licht brauchen.

Im Herbst verlieren die Bäume ihre Blätter. Laub, heruntergefallene Zweige, sogar tote Tiere werden von unzähligen Würmern, Pilzen und Bakterien zersetzt und in fruchtbare Erde verwandelt – Gott sei Dank, denn sonst könnte man den Wald vor lauter Laub gar nicht mehr sehen!
Im Winter ruht der Wald. Manche Tiere wie der Regenwurm verschlafen ihn einfach. Andere wie das Eichhörnchen leben von den Vorräten, die sie im Herbst gesammelt haben. Und viele Vögel fliegen fort in wärmere Länder und kehren erst zurück, wenn im Frühjahr der Wald zu neuem Leben erwacht.

Sachwissen mit der Maus

Das ist ein Lindenblatt. Es ist herzförmig und hat einen gezackten Rand.

Das ist ein Eichenblatt. Es hat einen gewellten Rand. Man sagt dazu: eingebuchtet.

Das ist ein Buchenblatt.
Es ist oval und hat einen glatten Rand.

Das ist ein Ebereschenblatt.
Es ist gefiedert.

Das ist ein Ahornblatt. Es sieht aus wie eine Hand mit fünf Fingern.
Man sagt dazu: gelappt.

In vielen Wäldern findest du
die verschiedensten Laubbäume:
Eichen und Buchen, Ahorn,
Linden und Eschen.
Kein Baum ist wie der andere.
Am besten kann man sie an
ihren Blättern unterscheiden.
Welches Blatt gehört
wohl zu welchem Baum?

*Die Lösung findest
du auf der nächsten
Seite.*

Ein Fingerhut voller Leben

In einem einzigen Fingerhut voller Erde verstecken sich über eine Million winzige Lebewesen. Viele von ihnen sind so klein, dass wir sie nicht einmal mit dem Vergrößerungsglas erkennen können. Einige von ihnen verstecken sich auch gern im Laubhumus. Das ist die obere Schicht des Waldbodens, die aus vertrockneten und verrotteten Blättern besteht. Wenn du diese Tiere genauer betrachten willst, brauchst du dringend ein Tier-Beobachtungsgerät.

Auflösung zur vorhergehenden Seite:

Linde Eiche Buche Eberesche Ahorn

Für ein Tier-Beobachtungsgerät braucht man:

1 großes Stück Pappe, Alufolie, 1 Marmeladenglas, schwarzes Papier, Laubhumus aus dem Wald, 1 Lampe.

Und so wird's gemacht:

1. Die Pappe zu einer Tüte zusammendrehen, die unten eine ca. 3 cm große Öffnung hat. Den Trichter innen mit Alufolie auskleiden, damit die Pappe später nicht feucht wird. (Wer einen fertigen Trichter hat, kann natürlich auch den nehmen!)
2. Das Marmeladenglas mit schwarzem Papier umkleben, sodass möglichst kein Licht eindringen kann.
3. Den Trichter auf das Marmeladenglas setzen.
4. Laubhumus in den Trichter füllen.

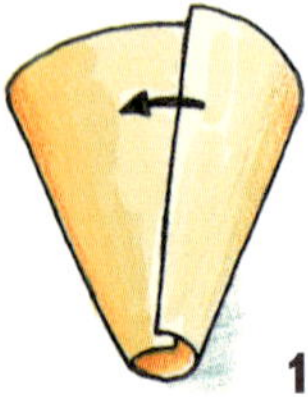

1.

2.

5. Glas und Trichter unter eine Lampe stellen.
6. Das Tier-Beobachtungsgerät muss ein paar Stunden unter der Lampe stehen bleiben. Tiere, die sich im Laubhumus aufhalten, flüchten nach einer Weile vor der Helligkeit und Hitze in das dunkle Glas.
7. Die Tierchen zum Beobachten auf einen weißen Teller legen. Wenn du sie genug beobachtet hast, bring sie zurück ins Freie.

Hier kommt DieMaus

Ina Steinmetz/Sabine Cuno
Hier spielt die Maus!
Einfach mit den Fingern durch die Löcher greifen und schon werden Maus, Elefant und Ente zum Leben erweckt. Ein vergnüglicher Spiel-Spaß für kleine und große Maus-Fans.
ISBN 3-473-32154-0
SFr. 10.80 € 5,95

Ina Steinmetz/Martin Frei-Borchers/
Karen Thilo/Sophie von Lenthe
Neue Geschichten mit der Maus
In drei fröhlichen Geschichten erzählen Maus, Elefant und Ente von ihrem Tagesablauf, erklären die 5 Sinne und spielen Beruferaten.
ISBN 3-473-32156-7
SFr. 11.90 € 6,50

Ina Steinmetz/Sabine Cuno
Mein erstes Fühlbuch mit der M
Die Maus und ihre beiden Freund
Elefant und Ente, machen Ferien
haben dabei jede Menge Spaß: S
übernachten im Zelt, braten
Würstchen oder bauen Sandburg
ISBN 3-473-32157-5
SFr. 17.80 € 9,95

Was die Maus alles kann
12 Seiten mit Klappen und vielen Spiel- und Spaßseiten erzählen von den Besonderheiten der Maus und ihren Freunden.
ISBN 3-473-32119-2
SFr. 17.80 € 9,95

Steinmetz Trickfilm/Sophie von Lenthe
Mein Schnürsenkelbuch mit der Maus
Was macht die Maus alles mit einem Schnürsenkel? Ein Spielbilderbuch zum Schnüren, Binden und Knoten.
ISBN 3-473-32139-7
SFr. 14.50 € 7,95

Ina Steinmetz/Sabine Cuno
Auf die Plätze, fertig, los!
Maus, Elefant und Ente wetteifern miteinander in verschiedenen sportlichen Disziplinen: Hürdenlauf, Hochsprung, Schwimmen ... Aber wer ist der Beste im Kirschkernweitspucken?
ISBN 3-473-32166-4
SFr. 14.50 € 7,95

Die Maus
Mit den Freunden aus der Sendung präsentiert die Maus eine bunte Auswahl an Lach- und Sachgeschichten, Bildergeschichten und jede Menge überraschende Spieleffekte.
ISBN 3-473-32107-9
SFr. 14.50 € 7,95

4 3 2 1 07 06 05 04

Otto Maier GmbH
Postfach 1860 · 88188 Ravensburg
Printed in Germany

www.ravensburger.de